Hauptbahnhof Stuttgart

Rose Hajdu und Ulrike Seeger

HAUPTBAHNHOF STUTTGART

Ein Wahrzeichen in Bildern

THORBECKE

Für die Schwabenverlag AG ist Nachhaltigkeit ein wichtiger Maßstab ihres Handelns. Wir achten daher auf den Einsatz umweltschonender Ressourcen und Materialien. Dieses Buch wurde auf FSC®-zertifiziertem Papier gedruckt. FSC (Forest Stewardship Council®) ist eine nicht staatliche, gemeinnützige Organisation, die sich für eine ökologische und sozial verantwortliche Nutzung der Wälder unserer Erde einsetzt.

Bibliografische Information der Deutschen Nationalbibliothek
Die Deutsche Nationalbibliothek verzeichnet diese Publikation in der Deutschen Nationalbibliografie; detaillierte bibliografische Daten sind im Internet über http://dnb.d-nb.de abrufbar.

© 2011 by Jan Thorbecke Verlag der Schwabenverlag AG, Ostfildern
www.thorbecke.de · info@thorbecke.de

Gestaltung: DOPPELPUNKT, Stuttgart
Umschlaggestaltung: Finken & Bumiller, Stuttgart
Druck: Himmer AG, Augsburg
Hergestellt in Deutschland
ISBN 978-3-7995-0879-7

INHALT

EINFÜHRUNG

Der Stuttgarter Hauptbahnhof, der in den Jahren 1914 bis 1928 durch die Architekten Paul Bonatz und Friedrich Eugen Scholer erbaut wurde, hatte einen heute kaum mehr bekannten Vorgänger in der Bolzstraße (damals Schlossstraße). Dieser erste Stuttgarter Bahnhof, der 1844 in Sichtweite der königlichen Residenz erbaut und nachträglich erweitert worden war, vermochte am Ende des 19. Jahrhunderts mit dem wirtschaftlichen Aufschwung im Königreich Württemberg nicht mehr Schritt zu halten. Der seit 1903 auf dem Gleisvorfeld des Vorgängers geplante Neubau hatte demnach gleich mehrere Forderungen zu erfüllen, denn er sollte nicht nur größer und leistungsfähiger werden, sondern auch das Selbstverständnis einer aufstrebenden Wirtschaftsmetropole im Südwesten des Deutschen Reiches zum Ausdruck bringen. Ganz im Sinne der reformerischen Architekturideen in den ersten Jahren des 20. Jahrhunderts sollte der Neubau zwar monumental und prächtig wirken, gestalterisch aber dennoch in der Region verwurzelt sein. Die Zeit der historistischen Stile in der Art beispielsweise des neubarocken

Landesgewerbemuseums oder des inzwischen völlig veränderten neugotischen Rathauses war vorbei. Das freizügige Sich-Bedienen an den Architekturformen vergangener Epochen wurde als zu beliebig empfunden. Gefragt war eine moderne, aber dennoch spezifisch auf den jeweiligen Standort zugeschnittene Architektur.

Die Bedürfnisse im Bahnhofsinneren waren ebenfalls vielfältiger Art. Fernreisende sollten schweres Gepäck ohne Umstände aufgeben können und dann an Fahrkartenschaltern und Verkaufsständen für Reiseproviant vorbei möglichst übersichtlich zu den bereitgestellten Zügen geleitet werden. Berufspendler hingegen hatten zwar oft wenig Zeit, aber kein Gepäck, und brauchten, wenn mit Dauerkarten ausgestattet, keine Fahrkarte zu lösen. Vielleicht wollten sie jedoch im Vorübergehen schnell eine Tageszeitung erstehen. Eine wichtige Rolle spielte der Transport von Post- und Frachtgut mit der Bahn. Es musste angeliefert, vorsortiert und nach weiterer Bearbeitung unterwegs an der richtigen Stelle wieder ausgeliefert werden. Wartesäle der verschiedenen Klassen mussten vorgesehen wer-

Materialvielfalt am Innen-
und Außenbau

den, in den Planungen bis 1918 zudem separate Warteräu-
me mit eigenem Eingang und kleinem Salon für den königlichen Hof.

Das Verdienst, den vielfältigen Anforderungen in einer gestalterisch einzigartigen, bis heute funktionstüchtigen An-
lage gerecht geworden zu sein, kommt mehreren Personen
zu. Die Württembergischen Staatseisenbahnen gaben den
Bauplatz vor und lieferten für den 1910 ausgeschriebenen
Wettbewerb einen schematischen Vorentwurf. Die Aufgabe
der Architekten war es, dem Empfangsgebäude ein moder-
nes Gesicht zu verleihen sowie Raumanordnung und Wegeführung zu optimieren. Der unter 70 Einsendungen aus-
gewählte Wettbewerbsentwurf, den der damals 33-jährige
Architekt Paul Bonatz (1877–1956) und sein drei Jahre äl-
terer Kompagnon Friedrich Eugen Scholer (1874–1949) unter dem bedeutungsvollen Namen *Umbilicus sueviae,* also
„der Nabel Schwabens“, eingereicht hatten, hat sich in Ab-
bildungen erhalten. Verglichen mit dem ab 1914 zur Ausführung gelangten Bau wirkt er geradezu verspielt, wenngleich
Charakteristika wie die Hervorhebung der drei Grundrich-

tungen Breite, Tiefe und Höhe, die Asymmetrie der Bau-
körperanordnung und das Sichtmauerwerk schon deut-
lich zu erkennen sind. Gewürdigt wurde er von dem unter
anderen mit Theodor Fischer besetzten Preisgericht als
„Architektur von entscheidender Eigenart und schlichter
Größe“.

Bei Planungsbeginn war über den anfangs 14, dann 16 Gleisen eine dreiteilige Gleishalle vorgesehen. Dies lag daran,
dass im nördlichen Drittel der alte Gleiskörper vom Bahnhof in der heutigen Bolzstraße so lange beibehalten werden
musste, bis in den beiden südlichen Dritteln die neuen
Bahnsteige in Betrieb genommen werden konnten. Die zur
Ausführung gelangte, äußerst zweckmäßige Idee, jeden
Bahnsteig separat zu überdachen, entwickelten erst Bonatz
und Scholer. Sie verzichteten auf eine weit gespannte Bahn-
steighalle in der Art von Frankfurt, Leipzig oder Dresden,
gewannen dafür jedoch Freiheiten für den Bauverlauf. Freilich hatten sie dabei auch das Wohlbefinden der Reisenden
im Sinn. Über Rauchschlitze konnte der rußige Dampf
der Lokomotiven direkt entweichen. Die bei dieser Lösung

zahlreich erforderlichen Stützen wurden auf den Gepäckbahnsteigen platziert, wo sie den Fluss der Reisenden auf den Einstiegsbahnsteigen nicht behinderten. Eine wichtige Veränderung in der Wegeführung der Reisenden brachte der in Bahnhofsplanungen erfahrene Berliner Baurat Alexander Rüdell (1852–1920) mit der damals neuen Idee ein, die Reisenden des Fernverkehrs und des Vorortverkehrs in jeweils eigene Eingänge und Schalterhallen zu lenken. Seinem Gutachten verdankt der Stuttgarter Hauptbahnhof das Nebeneinander von Großer Schalterhalle für die Fernreisenden und Kleiner Schalterhalle für die Fahrgäste der Vorortzüge, die – wie heute die S-Bahn – die Trassen des alten Bahnhofs benützten. Veränderungen in den verwendeten Werkstoffen wurden durch die Materialknappheit während der Hyperinflation erzwungen, die nach dem Ende des Ersten Weltkriegs allmählich einsetzte. So konnten beispielsweise die Bahnsteighallen nicht aus Stahl, sondern zunächst nur aus Holz errichtet werden.

Dank der funktionalen Anordnung verschieden großer, zu Quadern vereinfachter Baukörper war der Stuttgarter Hauptbahnhof ein Wegbereiter der Moderne, der zu Recht 1987 unter Denkmalschutz gestellt wurde. Der größte Quader enthält das breit gelagerte Empfangsgebäude. Parallel dazu verläuft die Kopfbahnsteighalle, von der die Bahnsteige abgehen. In die Tiefe des Empfangsgebäudes schieben sich die Baukörper von Großer und Kleiner Schalterhalle, wobei, ihrer Bedeutung entsprechend, die Große Schalterhalle weiter vor das Empfangsgebäude gezogen ist und dieses auch weiter überragt als die Kleine Schalterhalle. Fast quaderförmig, zur optischen Streckung nach oben raffiniert verjüngt, ist der traditionellerweise zu einem Bahnhof gehörende Turm. Er schließt die Kopfbahnsteighalle nach Süden ab und fungiert zugleich als optischer Schlusspunkt der Königstraße. Der Schlossgartenflügel an der Südseite diente der Aufnahme von Diensträumen. Städtebaulich verlängerte er die Königstraße in das Neckartal, dessen wirtschaftliches Entwicklungspotenzial seinerzeit erkannt und durch eine Reihe von Eingemeindungen an Stuttgart angeschlossen wurde. Das Pendant im Norden war der wesentlich kürzere Reichsbahnhotel- und Postflügel. Stilistisch setzten Bonatz und Scholer auf einheimische

Materialien wie rötlichen Sandstein und Muschelkalk sowie auf Bossenquader, wie sie im Mittelalter für die staufische Architektur der Region charakteristisch waren. Für die grob behauenen Bossenquader sprach außer ihrem regionalen Traditionsbezug, dass sie meist an Burgen, Türmen und Bollwerken verwendet worden waren, was zur Funktion eines Bahnhofes als Stadttor der Moderne passte. Die bei der Bearbeitung erforderliche hohe handwerkliche Qualität war ein Merkmal der durch Theodor Fischer begründeten Stuttgarter Schule der Architektur, der Paul Bonatz angehörte. Auf die staufische Tradition Württembergs verwies auch der Umstand, dass über der Freitreppe in der Großen Schalterhalle das württembergische Wappen nicht von den Wappentieren Löwe und Hirsch, sondern von einem mittelalterlichen Schildträger gehalten wird. Der hierfür herangezogene Schweizer Bildhauer Jakob Brüllmann (1872–1938) schuf einen unerschütterlich in sich ruhenden Ritter, neben dem die beiden gleichfalls ruhenden Wappentiere selbstbewusst in die Halle blicken. Nach der durch Ersten Weltkrieg und Inflation unverhältnismäßig verzögerten Fertigstellung im Jahre 1928 wurde der Hauptbahnhof in der Fachpresse als „Mischung aus Ritterburg- und Kathedralromantik" beschrieben. Dabei entging den Kritikern, dass die Architekten, anders als im Historismus, keine konkreten Bauformen zitiert hatten, sondern dass sie durch die konsequente Reduktion der Baukörper zu Quadern und die Konzentration auf wenige aussagekräftige Materialen zu einer modernen, in einzigartiger Weise der gewichtigen Bauaufgabe entsprechenden Formensprache gelangt waren.

Eine hohe Suggestionskraft besitzt die Wegeführung innerhalb des Bahnhofs. Sie baut systematisch auf den Kontrast von niedrigen Durchgängen und eindrucksvoll hohen Räumen. Das somit ständig wechselnde körperliche Befinden des Reisenden macht den Bahnhof zum Erlebnisparcours, der zugleich der Kanalisierung und Zielführung der Wege dient. Auf der Schillerstraße stehend wird der Reisende von dem überhohen, durch Vertikalstäbe zusätzlich gelängten Fenster der Großen Schalterhalle angezogen, um anschließend den niedrigen dreiteiligen Haupteingang samt Windfang zu durchqueren. Der folgende Raumeindruck ist die übermenschlich hohe Schalterhalle, der am Ende

ANSICHT GEGEN DIE SCHILLERSTRASSE.

Paul Bonatz und Friedrich Eugen Scholer, Wettbewerbsentwurf von 1911, Ansicht gegen die Schillerstraße

der Freitreppe wiederum ein auf Menschenmaß reduzierter dreiteiliger Durchgang zur Kopfbahnsteighalle folgt. Das kontrastierende Prinzip von Übermaß und Menschenmaß zieht sich leitmotivisch durch den gesamten Bahnhof. Es bestimmt ebenso das Zueinander von hoher Kopfbahnsteighalle zu den niederen Bahnsteigdurchgängen wie die Zugänge zur Kleinen Schalterhalle. An der Bahnhofnordseite, wo die Reisenden ebenerdig in die Kopfbahnsteighalle gelangen können, bildeten die seitlich vortretenden Trakte des Reichsbahnhotels (heute Intercity-Hotel) eine Sogwirkung, die den Reisenden suggestiv ins Innere zogen. Dieses Schaffen psychologisch auf den Besucher einwirkender Raumerlebnisse ist dem Expressionismus verhaftet, der in den Jahren vor und kurz nach dem Ersten Weltkrieg die Avantgarde der deutschen Kunst bestimmte. Typisch expressionistisch ist auch der ebenso wie der Nordausgang erst nach dem Ersten Weltkrieg entworfene, zur Gänze geöffnete Parabelbogen am Eingang zur Kleinen Schalterhalle. Nach dem Ersten Weltkrieg, als der Bau bis zum mittleren Hauptausgang gediehen war, war Bonatz bemüht, dem Bahnhof etwas von seiner anfänglichen Schwere zu neh-

men, ohne jedoch die in sich geschlossene Stilistik zu durchbrechen. Zu den von ihm dabei eingesetzten Mitteln zählen außer dem Parabelbogen das moderate Aufgreifen von Formen der italienischen Bettelordensarchitektur. Dies lässt beispielsweise die Decke der Pfeilerkolonnade erkennen, in der die antikischen Kassetten der ersten Bauphase nach dem Krieg von leichterem Ziegelmauerwerk und Schwibbögen abgelöst wurden. Die in dieser Phase entstandene Kleine Schalterhalle mit ihrem lebhaft strukturierten Mauerwerk aus alternierenden Muschelkalk- und Ziegelbändern ist einer der schönsten Innenräume des Bahnhofs. Eine weitere dem stilistischen Wandel der Nachkriegszeit geschuldete Modifikation, die sich anhand der Fotografien sehr gut nachvollziehen lässt, ist die Beruhigung des äußeren Mauerverbands. Während in der ersten Bauphase zur Betonung des Unregelmäßig-Handwerklichen die Bossenquader hin und wieder zwei Steinlagen umfassen, ist der Mauerverband des später entstandenen Hotel- und Postflügels betont gleichmäßig und damit der im Neuen Bauen geschätzten Industrieoptik angenähert.

Neben den durch suggestiv aufeinanderfolgende Räume gebildeten öffentlichen Wegen verfügt der Stuttgarter Hauptbahnhof auch über nicht öffentliche Wege, von denen heute vor allem die in Material und Form zahlreich variierten Treppenhäuser zeugen. Die erst durch die diesem Buch zugrunde liegende Fotokampagne im Vorfeld des bevorstehenden Teilabrisses der Fachwelt bekannt gewordenen Treppen offenbaren eindrucksvoll die gestalterische Stringenz von Paul Bonatz, der seit 1908 Mitglied des Deutschen Werkbunds war. Die selbst auferlegte Reduktion der Materialien und Formen bei gleichzeitigem Variationswillen führte Bonatz zu stereometrischen, aber dennoch den Bewegungsfluss der Treppen materialgerecht aufgreifenden Formen. Gleichzeitig lassen die Treppen sowohl eine funktionale Ausgestaltung als auch einen stilistischen Wandel erkennen. Beispielsweise wurde der viergeschossige Südflügel über mehrere eichene Holztreppen erschlossen, wohingegen im Bereich der großen Schalterhalle und des Turms feuerfeste Steintreppen vorherrschen. In die Turmobergeschosse, in denen gehobene Gastronomie untergebracht war, führten außer den beiden heute noch bestehenden Wendeltreppen zwei Aufzüge in den Turmecken. Die Treppenhäuser des erst ab 1926 geplanten Reichsbahnhotels und des um 1928 fertiggestellten Postflügels zeigten sich mit durchlaufenden polierten Metallläufen der Ästhetik des Neuen Bauens verpflichtet. Man bevorzugte damals industriell zu fertigende, glänzend das Licht reflektierende Materialien und schuf damit fließend durchlaufende Linien.

Zu den verborgenen Wegen gehört auch die in diesem Buch erstmals dokumentierte Expressguthalle unter Gleis 16. Da das Gelände des Hauptbahnhofes nach Süden um mehrere Meter abfällt, wurden die südlichen Bahngleise mittels einer genieteten Eisenkonstruktion auf die Höhe des ebenerdigen Nordausgangs gebracht. Der durch diese „Unterbrückung" ebenerdig gewonnene Platz nahm im östlichen Teil die Expressguthalle auf, von wo mittels eines Tunnels die Güter zu den Gepäckbahnsteigen gebracht werden konnten. Weitere, quer zu den Gleisen verlaufende Tunnels dienten dem Transport der Post und ermöglichen den Reisenden bis heute einen schnellen Bahnsteigwechsel außerhalb der Kopfbahnsteighalle und einen schnellen Zugang zur S-Bahn.

Paul Bonatz bezeichnete im Rückblick den Hauptbahnhof als wichtigstes Kapitel für seine Entwicklung als Baumeister. Er bezog sich dabei auf den künstlerischen Reduktions- und Reinigungsprozess, den er durch die Auseinandersetzung mit der Funktionalität im Vorfeld des Baubeginns und dann durch die Verarbeitung avantgardistischer Stilmittel nach dem Ersten Weltkrieg vollzogen hatte. Durch die lange Bauzeit und Bonatz' durchgehende Aufgeschlossenheit der Moderne gegenüber steht uns der Bahnhof heute als einzigartiges Zeugnis einer von Deutschland wesentlich geprägten, weltweit beachteten kunst- und architekturgeschichtlichen Entwicklung vor Augen. Er ist eine Quelle zum Verständnis deutscher Geschichte, die den nachfolgenden Generationen erhalten bleiben sollte.

Anlass des vorliegenden Buches ist die vom Deutschen Dokumentationszentrum für Kunstgeschichte – Bildarchiv Foto Marburg initiierte Bildserie der Stuttgarter Fotografin Rose Hajdu, mit der der Stuttgarter Hauptbahnhof als intakter Bau dokumentiert wird. Zwischenzeitlich wurde der Nordflügel abgerissen, weitere bauliche Veränderungen sind in Planung. Dem geneigten Leser seien beim kommentierten Rundgang in Bildern neue Ein- und Ansichten gewünscht.

Der Verlag entschied sich für die Beschreibung der Bilder in der Gegenwartsform, um den dokumentarischen Charakter des Buches zu verdeutlichen.

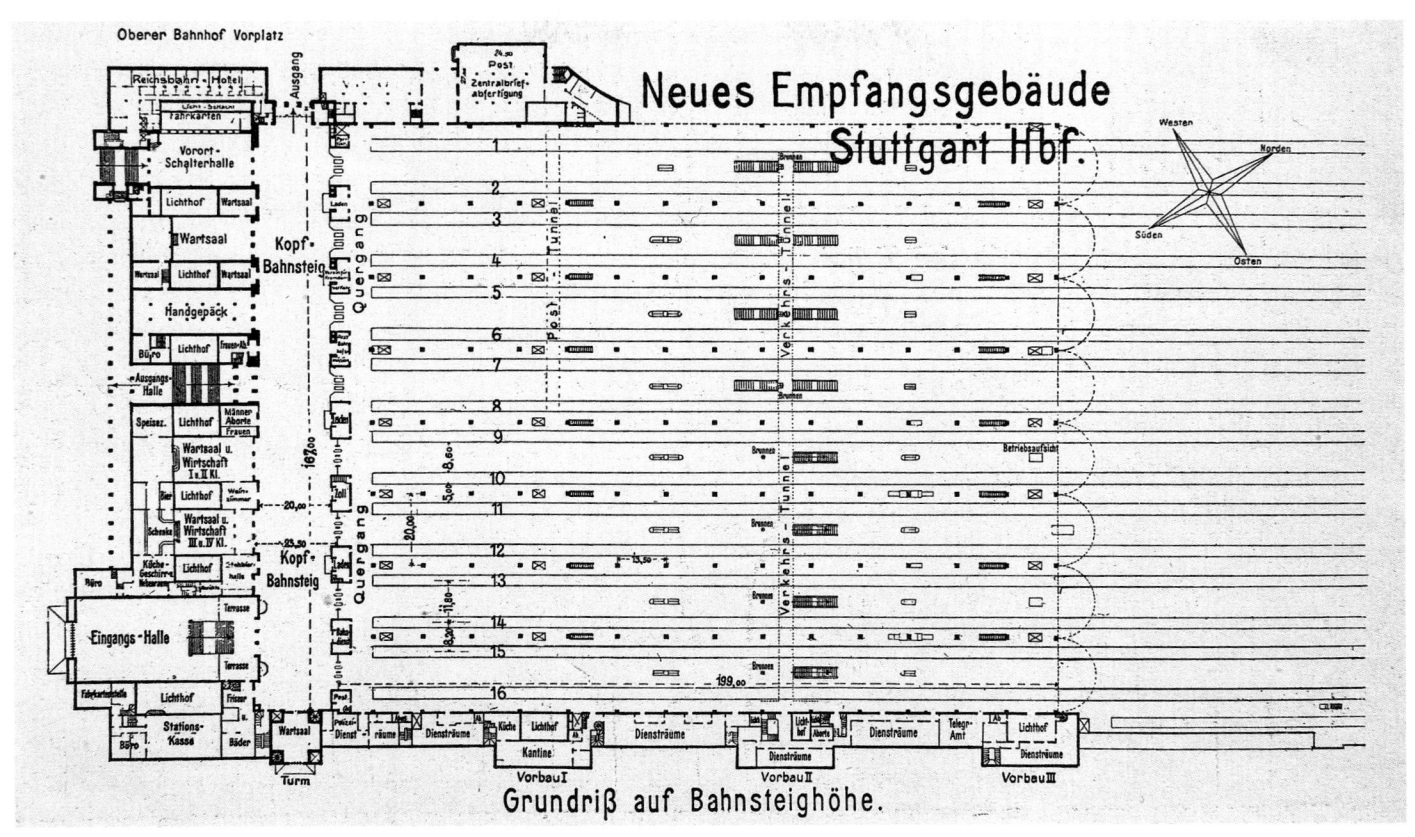

Grundriss des Hauptbahnhofs auf Höhe der Kopfbahnsteighalle. Der Einfachheit halber und gemäß den heutigen Ausgangsbezeichnungen wird in der Einführung und in den Bildlegenden Norden oben angenommen.

An die Stelle des alten Bahnhofes in der Bolzstraße
trat 1925 der UFA-Palast, in den die Eingangsfront der
einstigen Schalterhalle integriert wurde. Diese war in
historistischen Renaissanceformen erbaut.

Der Bahnhofsturm wurde als Blickpunkt der Königstraße entworfen, die damals in der unteren Hälfte von königlichen Nutzbauten wie dem Marstall gesäumt war. Links im Bild das ehemalige Hotel Marquardt in unmittelbarer Nachbarschaft des ersten Bahnhofs

Diese Doppelseite:
Die kubischen Baukörper von
Empfangsgebäude, Schalterhallen und Turm vereinen die
drei Hauptrichtungen Breite,
Tiefe und Höhe in ausgewo-
gener Weise.

Diese Doppelseite:
Die hohe Pfeilerkolon-
nade verdeckt die drei-
geschossige Gliederung
des Empfangsgebäudes
und trägt in antikisch
klar anmutender Tekto-
nik ein durchlaufendes
Attikageschoss.

Diese Doppelseite:
Der Eingang in die Kleine Schalterhalle mit dem
im Expressionismus beliebten parabelförmigen
Bogen entstand erst nach dem Ersten Weltkrieg.

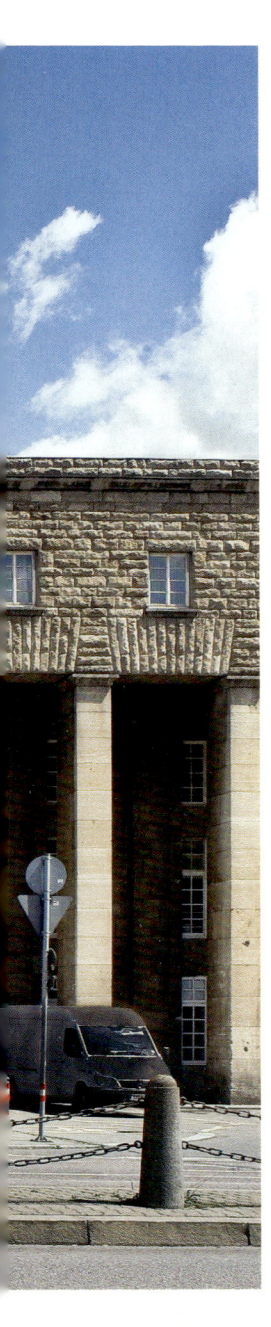

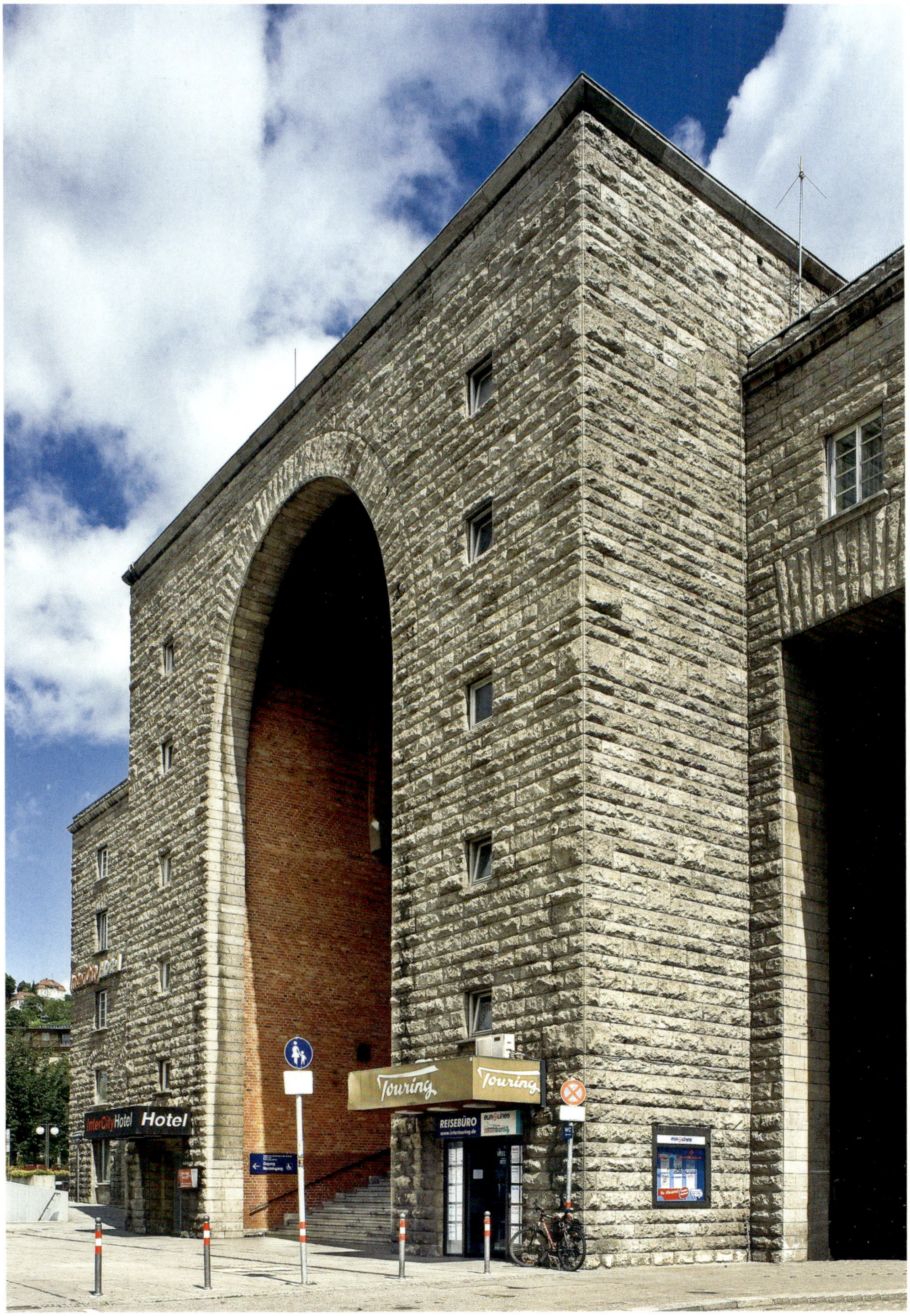
InterCityHotel Hotel
Touring
Touring
REISEBÜRO

Das einstige Reichsbahnhotel an der Nordwest-
ecke wurde erst nach dem Ersten Weltkrieg
beschlossen. Es war das erste Hotel in einem
Bahnhof.

Diese Doppelseite:
Das Reichsbahnhotel wurde am 22. Juli 1927,
einen Tag vor der international ausgerichteten
Werkbundausstellung „Die Wohnung", eröffnet.
Die Nordseite galt damals als verhältnismäßig
ruhig und deshalb für ein Hotel geeignet.

Der Nordeingang wird symmetrisch von den beiden Baukörpern des Reichsbahnhotels eingefasst. Links anschließend die Trakte der Post

Diese Doppelseite:
Der zwischen den beiden Baukörpern
des Reichsbahnhotels vermittelnde
Durchgang führt im ersten Obergeschoss
unmittelbar an den Stäben der großen
Bogenöffnung vorbei.

Diese Doppelseite:
Westliches und östliches Treppen-
haus des Reichsbahnhotels: Die
weich fließenden, das Licht reflek-
tierenden Metallläufe sind bereits
dem Neuen Bauen verpflichtet.

Diese Doppelseite:
Am ebenerdigen Nordeingang erzeugen
die beiden vorgezogenen Baukörper des
Reichsbahnhotels einen den Reisenden
suggestiv ins Innere leitenden Tiefenzug.

Stuttgart, Hauptbahnhof

2263

Diese Doppelseite:
Vor dem Nordeingang wurde durch das
einstige Rondell für Taxis und Straßen-
bahnen eine Platzanlage geschaffen, die
heute einem Parkplatz gewichen ist.

Gegenüber der Nordseite befindet
sich das etwa gleichzeitig mit
Baubeginn des Bahnhofs errichtete
Reichsbahnverwaltungsgebäude.

Reichsbahnverwaltungsgebäude,
Foyer der Direktionsetage

Diese Doppelseite:
Die mit originellen Details versehenen Treppenhäuser des Reichsbahnverwaltungsgebäudes
bleiben hinter der gestalterischen Stringenz der
Bonatz-Treppen im Hauptbahnhof zurück.

Diese Doppelseite:
Am Posttrakt an der Nordseite sind die Muschelkalk-
Bossenquader in ruhigerem Verband versetzt als an
der vor und während des Ersten Weltkrieges errichteten Südseite.

Der Posttrakt lässt die im Inneren
untergebrachten Funktionen durch
die einmal drei- und einmal viergeschossige Gliederung erkennen.

Diese Doppelseite:
Die Regelmäßigkeit des Mauerverbandes
und der weich geschwungene Verlauf des me-
tallisch glänzenden Treppengeländers lassen
den erst 1928 fertiggestellten Posttrakt als spä-
testen Teil des Bahnhofs erkennen.

Diese Doppelseite:
Der konkave Grundriss des östlichen Posttraktes
passt sich einer ehemals dort verlaufenden Straße an.

Diese Doppelseite:
Der Posttrakt besticht durch
seine strenge Klarheit.

Der Südflügel entlang der beim
Bau des Hauptbahnhofs neu
angelegten, damaligen Ludwigs-
burger Straße beherbergt
Dienst- und Versorgungsräume
der Bahnbeamten.

Die Fundamente des Südflügels gründen auf Pfählen.
Allein für den Turm wurden in eine vier Meter tiefe
Baugrube 290 Pfähle von je elf Metern Länge gerammt.

Gestalterische Reminiszenzen an die staufische Tradition Württembergs sind die Bossenquader, die seitlichen Schlitze zur Belichtung der Schächte, in denen Aufzug und Wendeltreppe untergebracht sind, sowie am Traufgesims die Wasserspeier.

Diese Doppelseite:
Der Eingang an der Turmsüdseite sollte ursprünglich
der königlichen Familie vorbehalten bleiben, die im
Raum hinter der Uhr ihre separate Wartehalle besaß.
An der Decke Kassetten aus Stahlbeton

Diese Doppelseite:

Mit konsequentem Gestaltungswillen nahm sich Bonatz den großen wie den kleinen Aufgaben an. Links der Turm, an dem die strengen Halbkreise der Entlastungsbögen mit der Klarheit des Umrisses korrespondieren. Die seitlichen Schlitze zur Belichtung der Schächte von Aufzug und Wendeltreppe bilden vertikale Gegenstücke zu den horizontalen Bossenquadern. Rechts das eingerollte Ende einer Zugangsrampe am Südflügel

Die Vorbauten, an denen eine drei Geschosse umfassende Blendnische von drei glatten Pilastern unterteilt wird, variieren das Motiv der Pfeilerkolonnade der Eingangsseite.

Die weiche Modellierung der Nabelscheiben
fügt dem bossiert und glatt verwendeten
Muschelkalk eine weitere Bearbeitungsvariante
hinzu.

Diese Doppelseite:

Am zuerst errichteten Südflügel weisen die Bossenquader aus Muschelkalk zur Betonung des Handwerklichen
Unregelmäßigkeiten in der Höhe auf, die am später errichteten Nordflügel vermieden wurden. Teil der überaus
sorgfältigen Steinbearbeitung ist der Randschlag.

Diese Doppelseite:
Insbesondere am Südflügel
finden sich am Außenbau
schön geschwungene Kunst-
schlosserarbeiten.

Die Treppe zur Kantine im westlichen Vorbau des Südflügels ist in den Raum einbezogen, der dadurch hoch und großzügig wirkt. Seine Helligkeit, die er durch Glasbausteine im Fußboden an eine darunterliegende Halle weitergibt, gewinnt er durch ein Oberlicht.

Detail des Treppenantritts im mittleren
Vorbau des Südflügels

Zweiarmig beginnende
Treppe im mittleren
Vorbau des Südflügels

Eine bauzeitliche Tür im
zweiten Obergeschoss

Die Eichentreppe im Abschnitt zwischen
mittlerem und westlichem Vorbau des
Südflügels ist eine Kombination von Wendel-
und Podesttreppe.

Treppenauge der Treppe im Abschnitt
zwischen mittlerem und westlichem Vorbau
des Südflügels

Diese Doppelseite:
Schneckenförmig eingerollter Antrittspfosten und Krümmling der
Treppe zwischen mittlerem und westlichem Vorbau des Südflügels

Diese Doppelseite:
Der Schlossgartenflügel von Osten mit seinen drei
hintereinandergestaffelten Vorbauten und dem
Turm als Schlusspunkt gehörte zu den Lieblings-
ansichten von Paul Bonatz.

Der über vier Meter hohe Terrainunterschied
zwischen Nord- und Südseite ermöglicht an
der Südseite den ebenerdigen Zugang zu den
quer zu den Gleisen verlaufenden Tunnels für
Post- und Frachtgut.

Die als mächtige Eisenkonstruktion zur „Unterbrückung" von Gleis 16 erbaute Expressguthalle

Expressguthalle unter Gleis 16,
die mit ihrer genieteten Eisenkonstruktion als technisches
Kulturdenkmal eingestuft wird

Diese Doppelseite:
Die Eisenkonstruktion unter Gleis 16 erstreckt
sich über 270 Meter, was fast der Höhe des
Eiffelturms entspricht.

Diese Doppelseite:

Details der genieteten Eisenkonstruktion unter Gleis 16

Diese Doppelseite:

Verborgene Wege unter den Gleisen: rechts der Quertunnel, der einst
zur weiteren Beförderung des Expressgutes diente; links das Erdgeschoss
des Südflügels mit Blick auf die „Unterbrückung" von Gleis 16

Als funktionalem Verkehrsbau wurde dem Hauptbahnhof von Anfang an kein beschaulicher Platz, sondern die Schillerstraße mit Straßenbahnhaltestelle vorgelegt. Der Turm in der Blickachse der Königstraße weist Ortskundigen und Fremden den Weg zum Bahnhof.

Diese Doppelseite:
Inszenierung der Wege: Übermaß und Menschenmaß im Wechsel. Im Scheitel über dem Haupteingang das geflügelte Rad der königlich württembergischen Staatseisenbahnen; darunter die Uhr im spannungsreichen Kontrast zu den Stäben des Rundbogenfensters

Diese Doppelseite:

Der mit einem weit vorkragenden Dach zum Schutz der Reisenden versehe-
ne Haupteingang hat durch die Klettpassage und die Verbreiterung der Fahr-
bahnen auf der Schillerstraße viel seiner einstigen Bedeutung eingebüßt.

Der Bahnhof bei Nacht mit beleuchtetem Haupteingang und von innen leuchtender Großer Schalterhalle

Diese Doppelseite:
Zur beiderseitigen Belichtung mit
weit heruntergezogenen Fenstern
flankierte Bonatz die Große Schalterhalle mit Lichthöfen.

Diese Doppelseite:

Die Wege durch den Hauptbahnhof werden nie langweilig. Kein Treppen-
haus gleicht dem anderen. Hier die Treppe am südlichen Lichthof der Großen
Schalterhalle, die durch die Zwiesprache in Material und Form zwischen
dem eichenen Handlauf, dem entsprechend modellierten Steinguss und den
geschmiedeten Abstandhaltern beeindruckt

Diese Doppelseite:
Die Große Schalterhalle beeindruckt noch heute durch ihre enorme Höhe und Weite, wenngleich sie über die Jahre so manche Zusatzfunktion wie die Treppen zur Klettpassage und weitere Läden aufnehmen musste.

Diese Doppelseite:
Von Anfang an wurde die Treppe zur Kopfbahnsteighalle von Geschäften mit Reiseproviant
flankiert. Die in stereometrischer Klarheit den
Bewegungsfluss der Treppe aufgreifenden Antrittspfosten mussten der Rolltreppe weichen.

Der Schildträger und die württembergischen
Wappentiere des Bildhauers Jakob Brüllmann
sind in ihrer Proportionierung auf den Fugen-
plan der Sandsteinquader abgestimmt.

Akkurat behauene Sand-
steinquader unterschied-
licher Lagenhöhe in der
Großen Schalterhalle

Diese Doppelseite:
Der Zugang zum ersten Turmober-
geschoss mit dem Balkon des Königs
sollte ursprünglich über das beson-
ders aufwendig gerahmte Portal am
Beginn von Gleis 16 erfolgen.
Nach dem Abtreten der Monarchie
war diese Funktionseinheit obsolet.

Diese Doppelseite:
Die Steintreppe west-
lich neben dem Turm
mit stereometrischen
Pfosten und weich
modelliertem Handlauf
aus Steinguss ist ein
gutes Beispiel für Bo-
natz' auf Schlichtheit
und handwerklicher
Fertigung beruhender
Formfindung.

Diese Doppelseite:
Steinerne Wendeltreppe in den Turmecken mit in der Untersicht
kontinuierlich ineinander übergehenden Stufen

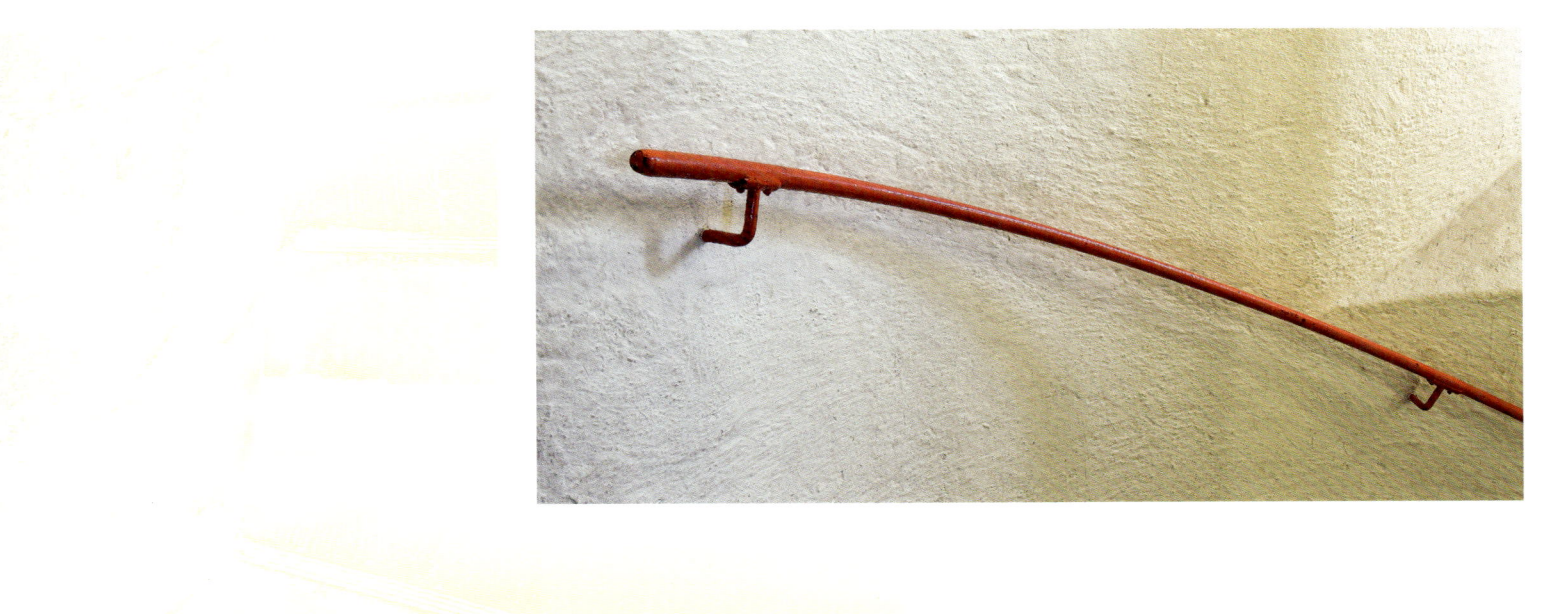

Kopfbahnsteighalle, deren im Zweiten
Weltkrieg zerstörte flache Holzdecke 1950
nach einem Entwurf von Paul Bonatz mit
Betonbindern wieder aufgebaut wurde.
Damals erhielt die ursprünglich ziegelsich-
tige Kopfbahnsteighalle einen hellen
Anstrich, der in der jüngsten Instandset-
zung aufgegriffen wurde.

Diese Doppelseite:
Wendeltreppe im südlichen
Teil des Empfangsgebäudes
bei der ehemaligen Küche
für die Gastronomie in den
dort untergebrachten Warte-
sälen erster, zweiter, dritter
und vierter Klasse

Diese Doppelseite:
Der Hauptausgang nahm bis zur
Zerstörung im Zweiten Weltkrieg
den Skulpturenschmuck des ehe-
maligen Königstors am unteren
Ende der heutigen Königstraße auf.
Die pietätvolle Wiederverwendung
kennzeichnet den Bahnhof als
Stadttor der Moderne.

Diese Doppelseite:
Die Treppe des Hauptausgangs ist so angelegt,
dass der Raum beim Hinabschreiten immer wei-
ter und heller wird, bevor er sich durch drei hohe
Durchgänge mit der lichterfüllten Stadt vereint.
Die seitlichen Rundfenster gehen auf Lichthöfe.

Der Antrittspfosten der
Treppe des Mittelausgangs
passt sich den Materialien
der Seitenwände an.

Eine kaum beachtete originale Tür mit seitlichen steinernen Sitzbänken, die sich zwischen Mittelausgang und Kopfbahnsteighalle befindet

Treppe zur Kleinen Schalterhalle mit aus Ziegeln gemauerten Schwibbögen

Blick von den Pfeilerkolonnaden zum Aufgang zur Kleinen Schalterhalle. Hinter der vertikalen Fensterreihe befindet sich die Treppe des Reichsbahnhotels.

Nach dem Ersten Weltkrieg gab Bonatz die Kassettendecke der Pfeilerkolonnaden zugunsten leichter wirkenden Ziegelgewölben und Schwibbögen auf. In den Genuss der abgebildeten Hängekuppel kommt freilich nur der, der den Kopf in den Nacken legt.

Die Kleine Schalterhalle erinnert mit
ihrem streifenförmigem Mauerwerk
und der einst hölzernen Flachdecke an
italienische Kirchen der Bettelorden.

Diese Doppelseite:

Die Kleine Schalterhalle mit den heute funktionslosen
Fahrkartenschaltern. Der warmfarbige, hart gebrannte
Ziegel und der kühlfarbige weich-poröse Muschelkalk
stehen in einem spannungsvollen Kontrast.

Diese Doppelseite:
Der Wechsel von Muschelkalkbändern mit drei bis vier Lagen
weiß verfugten Ziegeln lassen das Mauerwerk in der Kleinen
Schalterhalle äußerst lebendig erscheinen.

Diese Doppelseite:
Die Kopfbahnsteighalle, hier noch in der rostroten Fassung,
öffnet sich in acht großen Bögen auf die Bahnsteige.

Diese Doppelseite:

Die Besonderheit der Stuttgarter Gleishallen besteht in ihrer jeweils separaten Überdachung eines Bahnsteigs, wohingegen bei Kopfbahnhöfen anderer ambitionierter Metropolen wie Frankfurt, Leipzig und Dresden imposante Hallen aus Glas und Eisen die Gleise überspannen.

Diese Doppelseite:
Bahnsteig von Gleis 16 mit Kante
aus genietetem Eisen. Die gelb
gefliesten Häuschen jeweils am
Ende und im vorderen Drittel der
Bahnsteige dienten der Aufsicht
als Dienstraum.

Diese Doppelseite:
Die Kopfbahnsteighalle, in deren Achse
der Bahnhofsturm steht, öffnet sich mit
acht großen Toren auf die Gleise.

Der von 1929 bis 1931 von Paul Bonatz und Friedrich
Eugen Scholer errichtete Zeppelinbau beherbergte
außer dem Hotel Zeppelin auch Läden und Büroräume
sowie im Obergeschoss Übungsräume für die Archi-
tekturabteilung der Technischen Universität Stuttgart,
der Bonatz vorstand.

Der streng genommen nach Nordwesten
ausgerichtete Nordflügel im Abendlicht

Weiterführende Literatur:

65 Jahre Stuttgarter Hauptbahnhof 1922–1987, hg. von der
Deutschen Bundesbahn, Bundesbahndirektion Stuttgart,
Stuttgart 1987.
Paul Bonatz 1877–1956. Katalog zu der Ausstellung in
Frankfurt a. M. und Tübingen, hg. von Wolfgang Voigt und
Roland May, Tübingen 2010.
Marc Hirschfell, Der Bahnhof von Bagdad. Neue Forschun-
gen zum Stuttgarter Hauptbahnhof, in: ach, Ansichten zur
Architektur, 39 (2009), S. 2–7.
Hans Peter Münzenmayer, „Der Stuttgarter Hauptbahnhof
ist als Ganzes eine wichtige Pionierleistung", in: Stuttgart
Hbf, hg. vom Verein zur Förderung historischer Bauten e. V.,
Stuttgart 1997, S. 2–15.
Matthias Roser, Der Stuttgarter Hauptbahnhof. Ein verges-
senes Meisterwerk der Architektur, Stuttgart 1987.
Matthias Roser, Der Stuttgarter Hauptbahnhof. Vom Denk-
mal zum Mahnmal, 2. überarbeitete Auflage Stuttgart 2010.
Ulrike Seeger, Architektur der Wege – Neue Wege der Ar-
chitekturinterpretation am Beispiel des Stuttgarter Hauptbahnhofs, in: Wolkenkuckucksheim. International Journal
of Architectural Theory, Bd. 13, Nr. 1 (2009),
http://www-1.tu-cottbus.de/BTU/Fak2/TheoArch/Wolke/
wolke_neu/inhalt/de/heft/ausgaben/108/Seeger/seeger.php

Zu den Autorinnen:

Rose HAJDU war nach ihrer Ausbildung in Werbe- und Architekturfotografie einige Jahre lang Amtsfotografin im
Landesdenkmalamt Baden-Württemberg, Stuttgart. Seit
1985 arbeitet sie als freie Fotografin mit den Schwerpunk-
ten Architekturfotografie, Denkmalpflege, Archäologie
und Kunst. Mit den Bauwerken von Paul Bonatz und der
Stuttgarter Schule beschäftigt sie sich fotografisch inten-
siv seit 2009. Ihre fotografischen Arbeiten am Stuttgarter
Hauptbahnhof sind ein leidenschaftlicher Versuch, die
Ästhetik und die Besonderheit des Baus in Bildern festzu-
halten. Publikationen und weitere Beispiele ihrer Arbeit
finden sich unter www.rosehajdu.de

Dr. phil. habil. Ulrike SEEGER hat nach ihrer Habilitation
an der Universität Halle-Wittenberg den Lehrstuhl für
Kunstgeschichte am Caspar-David-Friedrich-Institut der
Universität Greifswald vertreten und lehrt zur Zeit an der
Universität Stuttgart. Zu ihren Forschungsschwerpunk-
ten gehören außer der Architektur und Ausstattungskunst
des frühen 20. Jahrhunderts die barocke Residenzkultur
im europäischen Kontext und die Architektur des Mittel-
alters.